Bibliografische Information der Deutschen Nationalbibliothek:

Die Deutsche Bibliothek verzeichnet diese Publikation in der Deutschen National-
bibliografie; detaillierte bibliografische Daten sind im Internet über http://dnb.d-
nb.de/ abrufbar.

Impressum:

Copyright © 2015 GRIN Verlag, Open Publishing GmbH
Druck und Bindung: Books on Demand GmbH, Norderstedt Germany
ISBN: 9783668261518

Dieses Buch bei GRIN:

http://www.grin.com/de/e-book/336582/wilhelm-reichs-beitrag-zum-psychoanalyti-
schen-erkenntnisprozess

Maximilian Pfannschmidt

Wilhelm Reichs Beitrag zum psychoanalytischen Erkenntnisprozess

GRIN Verlag

GRIN - Your knowledge has value

Der GRIN Verlag publiziert seit 1998 wissenschaftliche Arbeiten von Studenten, Hochschullehrern und anderen Akademikern als eBook und gedrucktes Buch. Die Verlagswebsite www.grin.com ist die ideale Plattform zur Veröffentlichung von Hausarbeiten, Abschlussarbeiten, wissenschaftlichen Aufsätzen, Dissertationen und Fachbüchern.

Besuchen Sie uns im Internet:

http://www.grin.com/

http://www.facebook.com/grincom

http://www.twitter.com/grin_com

International Psychoanalytic University

Master Psychologie

Hausarbeit zum Thema

Wilhelm Reichs

Beitrag zum psychoanalytischen Erkenntnisprozess

Eingereicht von: Maximilian Pfannschmidt

Seminar zur Vorlesung „Gegenstand, Erkenntnisinteresse und

Erkenntnismethoden der Psychologie und der Psychoanalyse"

SoSe / WiSe: SoSe 2015

Ort, Datum: Berlin, 31.10.2015

Inhaltsverzeichnis

Verzeichnis der Abbildungen 3

Zusammenfassung 4

1 Einleitung 5

2 Historischer und Biographischer Hintergrund 8

    2.1 Reichs Kindheit 8

    2.2 Reich wird Psychoanalytiker 9

    2.3 Reich und die I.Psa.V. 10

    2.4 Die Funktion des Orgasmus und die Konsequenzen 12

    2.5 Berlin und Sexpol 14

    2.6 Emigration und Ausschluss aus der IPV 16

    2.7 Von Oslo nach Amerika 18

3 Die Orgasmustheorie 20

    3.1 Sexualität, Trieb und Libido 21

    3.2 Die orgastische Potenz 22

    3.3 Die Sexualstauung - Energiequelle der Neurose 25

4 Die Charakteranalyse 28

    4.1 Verdrängung und Widerstand 28

    4.2 Von der Widerstandanalyse zur Charakteranalyse 29

    4.3 Der Charakterpanzer 30

    4.4 Von der Charakteranalyse zur Vegetotherapie 30

5 Fazit 32

Literaturverzeichnis 33

Verzeichnis der Abbildungen

Abbildung 1: Phasenmodell des Geschlechtsaktes mit
orgastischer Potenz
Entnommen aus Reich, 1987, S. 82

Abbildung 2: Schema zur ödipalen Neurosenätiologie
Entnommen aus Reich, 1987, S. 89

Zusammenfassung

Diese Hausarbeit beschäftigt sich mit dem Werk des Psychoanalytikers, Sexualforschers und Soziologen Wilhelm Reich, der von 1897 bis 1957 lebte. Die Fragestellung mit welcher sich diese Arbeit vordergründig auseinandersetzt lautet: Welchen Beitrag leistete Wilhelm Reich für die psychoanalytische Gegenstands- und Erkenntnisbildung und wie gestaltete sich die theoriegeschichtliche Entfaltung seiner psychoanalytischen Thesen? Um diese Fragen zu beantworten werden biographische wie historische Bedingungen des wissenschaftlichen Erkenntnisprozesses von Wilhelm Reich skizziert und wichtige Etappen auf diesem Weg dargestellt. Des Weiteren wird die wissenschaftliche Entwicklung und gesellschaftliche Entfaltung seiner sexualökonomischen Theorie erläutert. Sie stellt einen wichtigen psychoanalytischen Beitrag zur Ätiologie der Neurosen dar und führte Reich später auf ein noch unbekanntes Forschungsgebiet, der Orgonforschung. Darüber hinaus setzt sich die Arbeit mit Reichs charakteranalytischen Studien auseinander und beschreibt den Erkenntnisprozesses von der psychoanalytischen Widerstandsarbeit bis hin zur Formulierung der Charakteranalyse, Reichs bedeutendster Beitrag für die psychoanalytische Gegenstandsbestimmung. Abschließend werden seine vielfältigen wissenschaftlichen Beiträge zusammengefasst und diskutiert.

1. Einleitung

Diese Hausarbeit entstand im Rahmen des Seminars „Gegenstand, Erkenntnisinteresse und Erkenntnismethoden der Psychologie und der Psychoanalyse" an der International Psychoanalytic University. Das Seminar vermittelte einen Überblick über die klassisch psychoanalytischen Theorieansätze und stellte spezifische Charakteristika des Erkenntnisprozesses heraus. Hierbei ging es vor allem um die theoriegeschichtliche Entstehung und Entfaltung psychoanalytischer Theorien mit ihren diskursiven Bedingungen. Bei der Vielzahl an grundlegenden psychoanalytischen Theorien und den damit einhergehenden kontroversen Debatten anerkannter Psychoanalytiker blieb innerhalb des Seminars wenig Raum, sich eingehender mit der Person Wilhelm Reich und seinem Beitrag zur psychoanalytischen Erkenntnisbildung auseinanderzusetzen. Dies soll nun in Form der vorliegenden Hausarbeit geschehen. Sie beschäftigt sich vordergründig mit den folgenden zwei Fragen: Welchen Beitrag leistete Wilhelm Reich für die psychoanalytische Gegenstands- und Erkenntnisbildung? Wie gestaltete sich die theoriegeschichtliche Entfaltung seiner psychoanalytischen Thesen?

Die Arbeiten von Reich werden heute wie damals kontrovers diskutiert und passen gut in die Thematik der diskursiven Entfaltung psychoanalytischer Theorien. Sein wissenschaftliches Denken und Forschen war darauf ausgerichtet, die Probleme oder Kritikpunkte bestehender Theorien zu erfassen, sie theoretisch wie praktisch zu analysieren und daraus die logischen Schlüsse abzuleiten. Diese Vorgehensweise ist charakteristisch für Reich und verläuft wie ein roter Faden durch sein gesamtes Werk. In diesem Zusammenhang schreibt der Psychotherapeut und Begründer der Biosynthese David Boadella (2008):

> Wilhelm Reich ließ sich bei der Verfolgung seiner wissenschaftlichen Arbeit zwar nicht von irgendwelchen vorgefassten Ideen leiten, aber er hat immer betont, dass es eine stets gleichbleibende Denkweise, eine ganz bestimmte Logik war, die ihn von einem Forschungsbereich zum anderen führte. Seine frühen Studien in Wien sollte er im Rückblick mit dem Betreten eines Küstenstreifens vergleichen, dessen Erkundung ihm einen völlig neuen Kontinent der Erkenntnis erschloss. (S. 13)

Im Folgenden soll dieser Erkenntnisprozess grob umrissen werden. Zum einen, um den roten Faden in Reichs Werk zu verdeutlichen, zum anderen, um einen ersten Überblick über die vielfältigen Forschungstätigkeiten Reichs zu vermitteln. Ausgehend von Freuds Libidotheorie entwickelte er durch langjährige klinische Beobachtungen die Orgasmustheorie. Sie bildete das theoretische Fundament seiner weiteren Arbeit und wird im Kapitel 3 besprochen. Ein anderer theoretischer Ansatz den Reich aufnahm, klinisch untersuchte und schließlich weiterentwickelte war die psychoanalytische Widerstandsanalyse. Im „Wiener Seminar für psychoanalytische Theorie" erforschte er systematisch die Widerstände der Patienten und deren spezifische Abwehrmuster (Boadella, 2008, S. 49 f.). Aus diesen Studien ging Reichs Charakteranalyse hervor. Sie lieferte einen wichtigen Beitrag zum psychoanalytischen Erkenntnisprozess hinsichtlich der „negativen therapeutischen Reaktion" und der psychoanalytischen Widerstandsarbeit und wird im Kapitel 4 beschrieben. Des Weiteren führte Reich auf Grundlage der Orgasmustheorie, der Charakteranalyse und des Konzeptes der „vegetativen Strömung", welche er von dem Physiologen Friedrich Kraus übernommen hatte (Boadella, 2008, S. 126), weitere Untersuchungen durch und entwickelte die Vegetotherapie. Diese Therapieform war die erste seiner Zeit, welche den Körper aktiv in die Psychotherapie miteinbezog und kann heute als wichtiger Entwicklungsansatz für verschiedene Körperpsychotherapieverfahren betrachtet werden. Parallel zur Entwicklung der Vegetotherapie versuchte Reich im skandinavischen Exil seine bioelektrischen Hypothesen über die vegetative Strömung auf mikrobiologischer Ebene experimentell zu fundieren und führte in einem Forschungslabor in Oslo biophysikalische Versuche durch. Er beobachtete unter anderem eine dermatologische Spannungserhöhung bei Lustempfinden und ein Absinken bei Unlustempfinden (vgl. Boadella, 2008, S. 159 ff.). Diese und weitere Ergebnisse seiner bioelektrischen Untersuchungen an der Hautoberfläche interpretierte Reich als eine Bestätigung seiner Spannungs-Ladungs-Formel aus der Orgasmustheorie und als Indiz für die Richtigkeit seiner klinischen Aussagen zum sexualökonomischen Gegensatz von Lust und Angst (Boadella, 2008, S. 162).

Die Experimente zur Bioelektrizität bildeten die Brücke zwischen Reichs sexualökonomischer sowie vegetativer Arbeit und seiner späteren Orgonforschung (ebd.). An dieser Stelle ist der Hinweis angebracht, dass sich die vorliegende Hausarbeit primär mit dem Werk des „frühen Reich", also mit seinen Arbeiten auf psychoanalytischem Gebiet auseinandersetzt. Reichs Orgonforschung in Oslo und insbesondere später in Amerika wird dem „späten Reich" zugeordnet und soll in dieser Arbeit nicht tiefergehend beschrieben werden. Dennoch ist es wichtig, den logischen roten Faden aufzuzeigen, der von Reichs vorhergehenden Arbeiten in die biologische Forschungsphase hineinführte. Dabei wird deutlich, dass und wie die biologischen Forschungen wiederum den Weg zur biophysikalischen Orgonforschung eröffneten (Boadella, 2008, S. 165). Ausgehend von der Frage nach dem Wesen der „biopsychischen Energie" und seinen bioelektrischen Erkenntnissen über den funktionellen Gegensatz innerhalb des vegetativen Nervensystems wollte Reich nun die Plasmaströmungen in Einzellern untersuchen, um herauszufinden, ob die Formel Spannung-Ladung-Entladung-Entspannung allgemeingültig war, beziehungsweise ob sie auch einfache Lebensformen beherrschte (ebd.). Bei der Kultivierung von Einzellern aus

Heu und Wasser beobachtete er durch extra angefertigte Mikroskope mit bis zu 6000-facher Vergrößerung kleine aufsteigende Blasen, die sich zu Blasenhaufen zusammensetzten (Boadella, 2008, S. 169). Diese Blasenhaufen nannte er „Bione". Sie führten spezifische Bewegungen aus und schienen nach Reich ein rudimentäres Organisationsprinzip aufzuweisen (vgl. Boadella, 2008, S. 169-172). Er führte weitere Untersuchungen durch und entdeckte eine Strahlung, die von seinen Bionenkulturen ausging. Reich war der Überzeugung, dass er eine unerforschte biologische Energie gefunden hatte, die überall zu wirken schien. Diese biologische, sich organisierende Energieform nannte er „Orgon".

Mit dieser Entdeckung betrat Reich nun ein neues Forschungsfeld, welches nur noch ansatzweise mit dem psychoanalytischen Gedankengut in Verbindung stand und von vielen Psychoanalytikern sehr skeptisch betrachtet wurde. Nach seiner Übersiedlung nach Amerika setzte er seine Orgonforschung fort und beschäftigte sich vor allem mit dem Krebsprozess sowie mit den Strahlungseigenschaften der Bione. Er führte mittels selbstgebauter Orgon-Akkumulatoren eine experimentelle Krebstherapie mit 15 Patienten durch und erzielte mitunter positive Ergebnisse (vgl. Büntig, 2006, S. 57). Allerdings waren die Reaktionen auf Reichs Krebstherapie sehr unterschiedlich. Sie reichten von blindem Glauben über nachdenkliches Interesse bis zu blinder Feindseligkeit, aber letztendlich waren die negativen Reaktionen der offiziellen medizinischen Fachwelt in den USA der Anfang vom Ende von Reichs Orgonforschung (Büntig, 2006, S. 57).

Bei all der Kritik darf jedoch nicht vergessen werden, dass, wenn die Orgontheorie wahr wäre, dies keine einzige Aussage der Psychoanalyse beweisen oder widerlegen würde (Hoevels, 2001, S. 12). Aus diesem Grund kann die kontroverse Diskussion über die Orgonlehre in der vorliegenden Arbeit, die sich mit Reichs Beitrag zur Psychoanalyse beschäftigt, unberücksichtigt bleiben. Der Psychoanalytiker Fritz Erik Hoevels (2001) gibt in diesem Zusammenhang folgenden Vergleich:

> Es handelt sich um Themen, die nur durch den Zufall der Person, aber nicht durch die Sache verknüpft sind; ließe sich beweisen, dass Einstein schlecht Geige gespielt hat, so wäre das keinerlei Argument gegen die Relativitätstheorie, (...) Bestreitet etwa irgend jemand die grundsätzliche Rationalität von Einsteins physikalischer Argumentation, so kann er dies keineswegs damit begründen, daß er ihm musikalische Lapsus oder politische Fehleinschätzungen nachweist; er muss auf dem Feld der Physik bleiben und sich an Einsteins physikalische Argumentation halten. (S. 12)

Das gleiche gilt ebenso für Reich und die Psychoanalyse. Die Kritik und Entwertung der Orgonforschung ist nicht übertragbar auf Reichs psychoanalytische Beiträge, denn der Inhalt und die sozialen wie räumlichen Bedingungen der jeweiligen Forschungsfelder sind klar voneinander zu unterscheiden.

Um Reichs psychoanalytischen Erkenntnisprozess in einem historischen sowie biographischen Hintergrund einzubetten, wird in Kapitel 2 der Werdegang vom jungen Reich zum Psychoanalytiker und Naturwissenschaftler beschrieben. Das Kapitel 3 beschäftigt sich mit der Weiterentwicklung von Freuds Libidotheorie zur Orgasmustheorie und erläutert das theoretische Fundament für Reichs weitere Forschungstätigkeiten. In Kapitel 4 werden wichtige Entwicklungsschritte zur Formulierung der Charakteranalyse aufgezeigt und die grundlegenden Aspekte der Theorie besprochen. Abschließend werden in Kapitel 5 die wichtigsten psychoanalytischen Erkenntnisse Reichs zusammengefasst und im Hinblick auf ihre Bedeutung für die psychoanalytische Gegenstands- und Erkenntnisbildung diskutiert.

2 Historischer und biographischer Hintergrund

Das Kapitel 2 vermittelt einen Überblick über Reichs vielseitiges und turbulentes Leben. Es werden wichtige Lebensereignisse beschrieben und historisch relevante Geschehnisse erläutert. Ziel dieses relativ umfangreichen Kapitels ist zum einen, die spezifischen Lebens- und Arbeitsbedingungen von Reich aufzuzeigen, zum anderen sollen bedeutende Beiträge oder Aktivitäten hervorgehoben werden.

2.1 Reichs Kindheit

Über Reichs Kindheit und Jugend ist wenig bekannt. Wilhelm Reich wurde am 24. März 1897 als erster von zwei Söhnen des Gutsbesitzers Leon Reich und dessen Frau Cecilia in der Ortschaft Dobrcanica[1] im östlichen Teil Galiziens geboren. Kurz darauf zog die Familie auf das Gut bei Jujinetz in der Bukowina[2], auf dem der Vater Ackerbau und Rinderzucht betrieb (Bronner, 2009, S. 146). Beide Eltern stammten aus assimilierten jüdischen Familien und fühlten sich der deutschen Kultur verbunden, dementsprechend wurde nur Deutsch gesprochen (ebd.). Für Reich und seinen drei Jahre jüngeren Bruder Robert war es verboten mit den ukrainischen Bauernkindern sowie mit den traditionell jüdischen Kindern zu spielen (ebd.). Sein Vater war eine Autoritätsperson und besonders streng. Dies geht auch aus einem

---

[1] Heute Dobzau, Westukraine; damals deutsch-ukrainischer Teil Österreichs
[2] Grenzregion zwischen der Ukraine und Rumänien

anonymen Fallbericht hervor, den Reich als junger Psychoanalytiker geschrieben hatte und den er später gegenüber seiner Tochter Eva als Selbstanalyse bezeichnete:

> Von seinem Vater war er sehr streng erzogen worden, musste immer mehr leisten als die anderen (...), hing seit frühster Kindheit mit inniger Zärtlichkeit an der Mutter, die ihn oft vor tätlichen Ausschreitungen des Vaters schützte. Die Ehe war in sofern keine glückliche, als die Mutter unter seines Vaters Eifersucht > schrecklich zu leiden < hatte; er hatte (...) hässliche Eifersuchtsszenen mit angesehen, es sei auch oft zu Tätlichkeiten seitens des Vaters gekommen (...). (Bronner, 2009, S. 146 f.; zitiert nach Reich, 1929, S. 79)

Mit 14 Jahren erfährt Reich ein erstes einschneidendes Erlebnis. Seine Mutter begeht Selbstmord, nachdem herausgekommen war, dass sie ein Verhältnis mit einem der Hauslehrer hatte. Reich gibt sich an diesem traumatischen Ereignis eine Mitschuld, da er über längere Zeit die Affäre beobachtet und schließlich seinem Vater indirekte Hinweise dafür gegeben hatte (Bronner, 2009, S. 147). Dieser machte nun seiner Frau das Leben schwer, sodass sie keinen Ausweg mehr sah als sich umzubringen. Sie trinkt ein Putzmittel, welches ihre Eingeweide verätzt, und leidet tagelang an starken Schmerzen, bevor sie stirbt (ebd.). Reichs Vater war nun ein gebrochener Mann und erkrankte drei Jahre nach dem Tod der Mutter an einer Lungenentzündung, die er sich in suizidaler Absicht beim stundenlangen Angeln im eiskalten Wasser zuzog. Grund hierfür war eine Lebensversicherung, die Leon Reich zugunsten seiner Kinder abgeschlossen hatte. Aus der Lungenentzündung entwickelte sich eine letale Tuberkulose, sodass Reich mit 17 Jahren Vollwaise war. Die Versicherung wurde nicht ausgezahlt. (Bronner, 2009, S. 148) Reich übernahm nun die Leitung des Guts und machte 1915 sein Abitur am humanistischen Gymnasium in Czernowitz. Kurz darauf wurde er von der österreichischen Armee zum Kriegsdienst einberufen und ein Jahr später zum Leutnant befördert (ebd.). Nach dem Kriegsende 1918 konnte er nicht mehr zu seinem Familiengut zurück da es nun auf russischem Gebiet lag. Den Ort seiner Kindheit sah Reich nie wieder (Boadella, 2008, S. 14).

2.2 Reich wird Psychoanalytiker

Im Herbst 1918 folgte Reich seinem Bruder nach Wien und immatrikulierte an der Juristischen Fakultät der Universität, aber schon nach einem Semester wechselte er in die Medizinische Fakultät über (ebd.). Boadella (2008) beschreibt Reich als einen sehr eifrigen und wissbegierigen Studenten:

> Er erwies sich als hervorragender Student mit rascher Auffassungsgabe und der Fähigkeit zu gründlicher und systematischer Arbeit. (...) Er verbrachte wenig Zeit in

geselliger Runde, sondern trachtete mit größter Ungeduld danach, sich auf kürzestem Weg mit den wissenschaftlichen und philosophischen Problemen seiner Zeit vertraut zu machen. (S. 14)

Um eine zu enge Spezialisierung zu vermeiden, befasste er sich nicht nur mit der Medizin, sondern las auch biologische, philosophische, belletristische, sexualkundliche und psychologische Literatur (Boadella, 2008, S. 14). Die entscheidende Frage, die ihn antrieb, war „Was ist Leben?". Sie begleitete Reich sein ganzes Leben und führte ihn von einem Wissenschaftsbereich zum anderen.

In Kontakt mit der Psychoanalyse kam Reich im Januar 1919, als er das „Seminar für Sexuologie" besuchte. Diese private Arbeitsgruppe wurde von Studenten ins Leben gerufen und von Otto Fenichel organisiert (Bronner, 2009, S. 148). In diesem Rahmen lernte er Freud und dessen Schriften kennen. Die „Drei Abhandlungen zur Sexualtheorie" begeisterten ihn sehr, sodass er sich tiefergehend mit der Psychoanalyse auseinandersetzte. Im Sommer trug er dann innerhalb der Arbeitsgruppe ein Referat über „Trieb- und Libidobegriffe von Forel bis Jung" vor, in dem er die Verwendung des Libidobegriffes untersuchte und den Trieb metaphorisch mit der Elektrizität verglich (vgl. Büntig, 2006, S. 42). Die Teilnehmer waren von dem Vortrag so angetan, dass sie Reich zum Leiter des Seminars wählten (Boadella, 2008, S. 15). Gegen Ende des Jahres begann Reich als Psychoanalytiker zu praktizieren und absolvierte eine kurze Lehranalyse bei Paul Federn[3] (Hoevels, 2001, S.43).

2.3 Reich und die I.Psa.V.

Im Jahr 1920 bewarb sich Reich um die Mitgliedschaft in der Wiener Psychoanalytischen Gesellschaft und hielt im Oktober 1920 den obligatorischen Einführungsvortrag über „Ibsens *Peer Gynt*, Libidokonflikte und Wahngebilde". Daraufhin wurde er mit 23 Jahren und ohne psychoanalytische Ausbildung ordentliches Mitglied der Wiener Psychoanalytischen Vereinigung. Er war damit das jüngste Mitglied. Zwei Jahre später promovierte er zum Doktor der Medizin. Im März des gleichen Jahres heiratete er die Medizinstudentin Annie Pink. Aus der Ehe, die bis 1932 dauerte, gingen Eva und Lore hervor. Ein weiteres wichtiges Ereignis war der Berliner Kongress 1922, auf dem Freud eine genauere Betrachtung der Beziehung zwischen Theorie und Therapie empfahl. Reich schlug daraufhin die Gründung eines technischen Seminars vor, in dem die psychoanalytische Technik klinisch untersucht werden sollte. (Bronner, 2009, S. 149) Freud, der nicht dazu gekommen war, sein

---

[3] davor schon kurze Analyse bei Isidor Sadger; Reichs Analytiker werden später seine größten „Feinde" (Bronner, 2009, S. 48)

angekündigtes Buch über die Technik der Psychoanalyse zu schreiben, war von dieser Idee begeistert, sodass wenig später das „Technische Seminar am Wiener Psychoanalytischen Institut" gegründet wurde (Hoevels, 2001, S. 48). Nachdem Hitschmann und Nunberg für kurze Zeit die Leitung innehatten, ging sie 1924 auf Reich über, der sie ausübte solange er in Wien lebte (ebd.).

Zusätzlich begann Reich ab 1922 im „Wiener Psychoanalytischen Ambulatorium" zu arbeiten. Hier betreute er unentgeltlich mittellose Patienten und konnte somit viele klinische Beobachtungen anstellen und weitere Erfahrung in der psychoanalytischen Technik sammeln. Reich veröffentlichte in dieser Phase eine Reihe von psychoanalytischen Aufsätzen[4], unter anderem in der von Magnus Hirschfeld herausgegebenen „Zeitschrift für Sexualwissenschaft" oder in der „Internationalen Zeitschrift für Ärztliche Psychoanalyse" (IZ). In den meisten Aufsätzen ging es um die Bestätigung psychoanalytischer Einsichten. Im Mittelpunkt standen vor allem der Ödipuskomplex als Kernkomplex, die Zwangsneurose sowie der psychogene Tic als Onanieäquivalent (Hoevels, 2001, S.45). Seine Beiträge waren meist von kasuistischem Charakter und untersuchten therapeutisch bedeutsame Einzelphänomene oder setzten sich mit aktuellen Debatten der psychoanalytischen Theorie auseinander, wobei die Argumentationen vorwiegend auf klinisch-empirischer Basis erfolgten (Hoevels, 2001, S. 47).

Von größerer Bedeutung für den weiteren psychoanalytischen Erkenntnisprozess von Reich ist sein Aufsatz „Der Koitus und die Geschlechter" von 1922. In dieser Arbeit geht es um die Frage, ob das empirisch so oft feststellbare Auseinanderliegen des männlichen und weiblichen Orgasmus naturgegeben ist oder das Ergebnis einer Störung darstellt. Reich vertrat die Ansicht, dass das Phänomen kausal und nicht final untersucht werden sollte. Er betrachtete die verfrühte Ejakulation beziehungsweise die vaginale Hypästhesie als Folge der von Freud entdeckten >Spaltung der sinnlichen und zärtlichen Strebung<, die ihrerseits das Ergebnis gesellschaftlicher Bedingungen war (Hoevels, 2001, S. 45 f.). Hervorzuheben ist, dass in diesem Aufsatz schon viele Aspekte angesprochen wurden die in Reichs späterem Werk, „Die Funktion des Orgasmus" von 1927, umfänglich thematisiert werden sollten (ebd.). In dieser Phase erntete Reich viel Anerkennung und sein Ruf als scharfsinniger Kliniker und Theoretiker der Psychoanalyse wuchs in der I.Psa.V. schnell an. Im Jahr 1925 veröffentlichte Reich sein erstes Buch „Der triebhafte Charakter". Darin erörtert er das Krankheitsbild des „triebhaften Charakters", welches sich in der ätiologischen Ausformung

---

[4] Aus Gründen des Umfangs kann nur auf die wichtigsten Veröffentlichungen Reichs eingegangen werden.

von den Symptomneurosen und den Psychosen unterscheidet. Reich (1925) beschreibt seine klinisch-charakterologische Untersuchung wie folgt:

> Unser Versuch bewegt sich (...) gleichzeitig in zwei Richtungen, die schließlich konvergieren werden: Der speziellen Erörterung eines bisher psychoanalytisch wenig gewürdigten Krankheitsbildes, das wir mit Alexander den „triebhaften Charakter" nennen, werden Untersuchungen über die Charakterbildung an Hand des Materials parallel laufen. Wir streben keineswegs eine systematische Darstellung an. Eine solche kann in der induktiven, empirischen Methode der Psychoanalyse nie gegeben sein. Wir werden uns bescheiden müssen, auf einige typische Fehlentwicklungen in der Charakterbildung hinzuweisen, wobei wir die besser bekannten Mechanismen der sexuellen Entwicklung zur Basis machen werden. (S. 13)

Das Zitat zeigt zum einen Reichs Einordnung der Psychoanalyse als wissenschaftliche Methode und verdeutlicht zum anderen die enge klinische Verknüpfung zwischen sexueller Entwicklung und Charakterbildung. Diese zwei Bereiche bilden Reichs klinische Forschungsschwerpunkte und prägen seine weiteren Untersuchungen und Veröffentlichungen auf psychoanalytischem Gebiet.

2.4 Die Funktion des Orgasmus und die Konsequenzen

Auf dem Salzburger Kongress 1924 hielt Reich einen Vortrag über „Die therapeutische Bedeutung der genitalen Libido" und stellte sein therapeutisches Konzept der orgastischen Potenz vor. Demnach war die ungestörte Orgasmusfunktion eine wichtige Notwendigkeit für die psychische Gesundheit. Reich war der Überzeugung, dass seine Patienten keine volle Befriedigung im Geschlechtsverkehr erreichen konnten und sich dadurch die aufgestaute Libidoenergie in psychische und körperliche Symptome manifestieren konnte. Es gab für ihn durchaus innere, psychische Gründe für die orgastische Impotenz, aber der Hauptgrund lag für ihn in äußeren Umweltfaktoren, wie der repressive Umgang der Gesellschaft mit der Sexualität (Bronner, 2009, S.150).

Daraus ableitend entwickelte er sexualpolitische Aktivitäten, die die Gesellschaft verändern sollten, wie zum Beispiel Jugendberatung zu Fragen der Sexualität und Empfängnisverhütung (ebd.). Darüber hinaus entdeckte er auch einen Zusammenhang zwischen politischer und sexueller Unterdrückung und zog daraus seine Schlussfolgerungen, die er in „Die Funktion des Orgasmus" 1927 veröffentlichte (ebd.). Am 6. Mai 1926 überreichte er Freud das Manuskript zu dessen 70. Geburtstag. Freud blickte auf die Abhandlung und antwortete mit einem kurzen: „So dick?" – eine Reaktion, die Reich tief enttäuschte (Boadella, 2008, S. 29). Insgesamt waren die Reaktionen auf Reichs Orgasmustheorie nicht mehr so eindeutig positiv, wie sie noch bei seinen vorherigen Vorträgen und Veröffentlichungen waren. Freud nahm gegenüber der sexualökonomischen Konzeption Reichs eine deutlich ambivalente Haltung ein (ebd.). In dieser Zeit begann die schleichende Entfremdung zwischen Reich und der I.Psa.V..

Auch persönlich musste Reich mit einigen Schicksalsschlägen zurechtkommen. Im April 1926 war sein Bruder Robert an Tuberkulose gestorben und im Winter 1926/27 erkrankte Reich selbst an Tuberkulose, sodass er einige Monate in einem Sanatorium in Davos verbrachte (Bronner, 2009, S.150). Hier rückte er nun die sozialen und gesellschaftlichen Bedingungen immer mehr in den Blickpunkt seiner Überlegungen. Um Klarheit in den gesellschaftlichen Fragen der Neurosenprophylaxe zu gewinnen, beschäftigte er sich eingehender mit den Theorien von Marx (Hoevels, 2001, S.57). Er hoffte, dass die radikale Linke die nötigen gesellschaftlichen Veränderungen einleiten würde, die nötig waren, um die herrschende kulturelle Sexualmoral zu beenden oder zumindest abzuschwächen.

Infolge der Ereignisse in Schattendorf 1927 trat er der Kommunistischen Partei bei, blieb aber weiter Mitglied in der Sozialdemokratischen Partei (Bronner, 2009, S. 152). Um gegen die gesellschaftlichen Bedingungen in den Wiener Arbeitervierteln anzugehen, gründete er 1928 mit einigen sympathisierenden Ärzten die „Gesellschaft für Sexualberatung und Sexualforschung". Ein Jahr später veröffentlichte er seine Arbeit „Dialektischer Materialismus und Psychoanalyse", welche zeitgleich in Deutschland und Russland erschien (Boadella, 2008, S.91). Im September 1929 trat Reich eine Russlandreise an auf der er viele interessante Einblicke in die sowjetische Sozialhygiene und Kindererziehung erhielt. Besonderen Eindruck hinterließ Vera Schmidt, eine Moskauer Psychoanalytikerin, die seit 1921 ein Kinderheim leitete. Ein wichtiges Prinzip ihrer Erziehungspraxis lautete, dass es keine Strafen und keine moralischen Beurteilungen geben sollte. (ebd.)

Wenige Monate nach seiner Rückkehr aus Russland war Reich am 12. Dezember 1929 zu einem Analytikertreffen in Freuds Haus eingeladen. Er hielt einen Vortrag über Neurosenprophylaxe und es wurde über das Problem der Beziehung zwischen Kultur und Neurose diskutiert. Diese Gespräche bildeten die Grundlage für Freuds Buch „Das Unbehagen in der Kultur". (Boadella, 2008, S 94) Boadella (2008) fasst das Treffen mit seinem kontroversen Charakter kurz zusammen:

Reich sprach über seine Arbeit in der Mentalhygiene-Bewegung, legte seine Auffassungen zur repressiven Funktion der Zwangsehe und –familie und zum sozialen Problem der Pubertät dar. Er stellte sich unzweideutig auf den Standpunkt, dass Neurosen vermeidbar seien, vorausgesetzt, es ließen sich andere Formen der Erziehung, des Familienlebens und der gesellschaftlichen Organisation durchsetzen. Freud vertrat dagegen die Ansicht, dass >die Kultur vorgeht< und es nicht die Aufgabe der Psychoanalyse sein könne, die Welt zu verbessern. (S. 94)

2.5 Berlin und Sexpol

Reichs Leben in Wien wurde allmählich rauer. Seine Thesen und radikalen politischen Aktivitäten wurden zunehmend als Bedrohung für die gerade erst gesellschaftsfähig gewordene Psychoanalyse aufgefasst. Freuds Haltung Reich gegenüber nahm ab und innerhalb der psychoanalytischen Vereinigung wurde gegen Reich stark intrigiert, unter anderem auch wegen seinen Affären (Bronner, 2009, S. 153). So entschloss er sich im September 1930 nach Berlin zu gehen. Er hoffte, dass die psychoanalytischen Kreise für seine charakteranalytischen Ideen offener und insgesamt politisch progressiver eingestellt waren (Büntig, 2006, S. 49). Diese Hoffnung sollte sich bestätigen. Berlin konnte tatsächlich ein besseres Klima für die Entfaltung seiner sexualökonomischen und sozialpolitischen Ansätze bieten. Seine Orgasmustheorie wurde besser aufgenommen und viele Analytiker kamen zu ihm, um die Technik der Charakteranalyse, welche er in den letzten Jahren immer weiter entwickelt hatte, zu lernen (ebd.). Seine Vorträge über gesellschaftliche Ursachen der Neurosen waren sehr gefragt. Förderlich war ebenfalls, dass es in der Berliner Psychoanalytischen Vereinigung einige marxistische Analytiker gab, die Freuds Interesse teilten (ebd.).

Zu jener Zeit gab es in Deutschland viele kleine Gruppen, die sich um Reformen im Bereich der Sexualität bemühten. Sie setzten sich beispielsweise für eine freie Geburtenkontrolle ein oder für die Legalisierung von Abtreibungen. Reich schlug vor, diese Gruppen unter einem Dachverband zusammenzufassen und zu organisieren. Mit dem Segen der KPD gründete Reich 1931 den „Deutschen Reichsverbund für proletarische Sexualpolitik", kurz Sexpol. Der erste Kongress fand in Düsseldorf statt. Es schlossen sich acht Verbände mit ca. 20.000 Mitgliedern der sexualpolitischen Bewegung an. Nach kurzer Zeit waren es bereits 40.000. (Boadella, 2008, S. 103) In Düsseldorf verabschiedete man ein Programm, welches Reich im Juni aufgesetzt hatte und das sieben Hauptforderungen enthielt:

1. Kostenlose Ausgabe von Verhütungsmitteln an jene, die sie auf normalem Weg nicht erhalten konnten; intensive Aufklärung über Möglichkeiten der Empfängnisverhütung und Geburtenkontrolle, um der Notwendigkeit von Abtreibungen vorzubeugen.
2. Völlige Aufhebung der bestehenden Abtreibungsverbote; kostenlose Schwangerschaftsunterbrechung in öffentlichen Krankenhäusern; finanzielle und medizinische Hilfe für Schwangere und junge Mütter.
3. Abschaffung der rechtlichen Unterscheidung zwischen Verheirateten und Ledigen; Abschaffung des Tatbestands >Ehebruch<. Scheidungsfreiheit. Ausschaltung der Prostitution durch Umerziehung; wirtschaftliche und sexualökonomische Reformen, um die Ursachen der Prostitution zu beseitigen.
4. Vermeidung von Geschlechtskrankheiten durch eine umfassende Sexualaufklärung und vor allem durch Förderung sexuell gesunder anstelle promiskuöser Geschlechtsbeziehungen.
5. Verhinderung von Neurosen und sexuellen Problemen durch eine lebensbejahende Erziehung; Ausarbeitung sexualpädagogischer Grundsätze. Errichtung therapeutischer Kliniken.
6. Unterweisung von Ärzten, Lehrern, Sozialarbeitern usw. in allen relevanten Fragen der Sexualhygiene.
7. Ersetzung der Strafen für sexuelle Vergehen durch therapeutische Behandlung. Vorbeugung gegen Sexualverbrechen durch verbesserte Erziehungsmethoden und durch Schaffung der wirtschaftlichen Grundlagen für ihre Verwirklichung. Schutz von Kindern und Jugendlichen vor Verführung durch Erwachsene. (Boadella, 2008, S. 104)

Das Sexpol-Programm von 1931 beinhaltete alle wichtigen gesellschaftlichen Konsequenzen, die sich aus Reichs jahrelangem Engagement auf psychoanalytischem, sozialem und politischem Gebiet herausgebildet hatten. Das Programm war die Umsetzung einer gesellschaftsorientierten Neurosenprophylaxe im Reichschen Sinn.

Etwa zur selben Zeit schrieb Reich die „Massenpsychologie des Faschismus" und die „Charakteranalyse". Beide Werke wurden 1933 veröffentlicht. Die „Charakteranalyse" erschien noch im Selbstverlag, während die „Massenpsychologie des Faschismus" dann im Verlag für Sexualpolitik veröffentlicht wurde. Dies ist deshalb interessant, da sich die Partei weigerte Reichs Manuskript „Der sexuelle Kampf der Jugend" zu publizieren, sodass er schließlich seinen eigenen Verlag im März 1932 gründete, der „Verlag für Sexualpolitik" (Boadella, 2008, S 106).

Im Oktober 1932 wurde eine Jugendkonferenz einberufen, an der auch Reich teilnahm, und die eine Resolution verabschiedete, die sich für die Jugendsexualität innerhalb der Bewegung aussprach (Bronner, 2009, S. 154). Die KPD nutzte dies als Anlass, um Reich aus der Partei auszuschließen und ihn als „Konterrevolutionär" zu deklarieren.

Auch auf persönlicher Ebene kam es zum Aus. Die Ehe mit Annie ging endgültig in die Brüche. Zum einen gab es immer wieder lautstarke Auseinandersetzungen bezüglich politischer Anschauungen, der Kindererziehung oder Reichs Affären (ebd.). Zum anderen lernte Reich 1932 Elsa Lindenberg kennen und es entwickelte sich eine ernste Beziehung. Durch sie kam er in Kontakt mit dem Ausdruckstanz sowie anderer Körpertherapien. Sie war Tänzerin an der Berliner Staatsoper und arbeitete unter Rudolf von Laban. Außerdem besuchte sie Kurse bei der Gymnastik- und Körperlehrerin Elsa Gindler. (Geuter, 2006, S. 18). Sie war aktive Kommunistin und teilte Reichs Interesse am muskulären Panzer (Bronner, 2009, S. 154). Im März fuhren Annie und Reich dann getrennt voneinander zurück nach Wien. Annie blieb einige Monate in Wien, bevor sie schließlich nach Prag ging und Psychoanalytikerin wurde. Die Kinder blieben vorerst bei den Großeltern in Wien. (ebd.)

2.6 Emigration und Ausschluss aus der IPV

Das Jahr 1933 war ein Jahr der Krise. Die Lebensbedingungen, unter denen Reich arbeitete, wurden immer schwieriger. Zum zweiten Mal in seinem Leben wurde er heimatlos. Wolf E. Büntig (2006) beschreibt in wenigen Worten diese chaotische Phase in Reichs Leben:

> Mit Hitlers Machtergreifung zeigte sich, dass die sozialistische Revolution versagt hatte. Die sexualpolitische Bewegung brach zusammen. Reichs erste Ehe zerfiel, und er verlor dadurch auch den Kontakt zu seinen Kindern. In diesem Jahr war seine Zugehörigkeit zur Kommunistischen Partei beendet und - ein Jahr später – auch die zur Psychoanalytischen Vereinigung. (S. 50)

Am 28. Februar kehrte Reich von einem Vortrag in Kopenhagen nach Berlin zurück und noch am selben Abend brannte der Reichstag. Am nächsten Morgen verhafteten die Nazis 1500 Intellektuelle und Funktionäre der Linksparteien und als am 2. März in der Nazipresse ein scharfer Angriff auf Reichs Buch „Der sexuelle Kampf der Jugend" erschien, musste er mit seiner baldigen Verhaftung rechnen. Als Skitourist verkleidet setzte er sich nach Österreich ab und seine Archive und Manuskripte wurden von Freunden in Sicherheit gebracht. (Boadella, 2008, S.111)

So kehrte Reich als politischer Flüchtling nach Wien zurück. Er blieb knapp zwei Monate und wohnte bei Freunden (ebd.). In dieser kurzen Zeit verschärfte sich der Konflikt zwischen Reich und der Psychoanalytischen Vereinigung immer mehr, sodass Freud im April zu Felix Böhm, dem Vorsitzenden der Berliner Psychoanalytischen Vereinigung, sagte: „Befreien Sie mich von Reich" (Cremerius, 1997, S.151; zit. n. Bronner, 2009, S. 155). Anlass hierfür war unter anderem ein Gerangel um die Veröffentlichung von Reichs Aufsatz „Der masochistische Charakter" in der Internationalen Zeitschrift für Psychoanalyse. Laut Freud war diese Arbeit eine marxistische Antwort auf seine Todestriebhypothese und so forderte er, dem Artikel eine Erklärung voranzustellen, in der auf Reichs Mitgliedschaft in der bolschewistischen Partei hingewiesen werden sollte (Boadella, 2008, S.111). Die sozialistische Ärztegruppe in Berlin konnte Freud dieses Vorhaben ausreden. Dafür erschien nun zusammen mit Reichs Aufsatz ein Artikel von Bernfeld mit dem Titel „Die kommunistische Diskussion um die Psychoanalyse und Reichs >Widerlegung der Todestriebhypothese<" (ebd.).

Der Konflikt spitzte sich weiter zu. Freud verlangte im April 1933 den Ausschluss Reichs aus der Deutschen Psychoanalytischen Vereinigung (Cremerius, 1997, S.151; zit. n. Bronner, 2009, S. 155). Hoevels (2001, S 75) schreibt dazu: „Die I.Psa.V. schloss Reich, ohne ihm davon Mitteilung zu machen, schon 1933 auf einer geheimen Vorstandssitzung aus, ein Ausschluss, der formal natürlich ungültig war."Ab März durfte Reich bereits nicht mehr im Internationalen Psychoanalytischen Verlag publizieren und so musste er ironischerweise die „Charakteranalyse", sein bedeutendster Beitrag für die Psychoanalyse, mit geliehenem Geld im Selbstverlag veröffentlichen (Boadella, 2008, S.112 f.).

Nach den Vorkommnissen in Wien fühlte sich Reich nicht mehr willkommen. Er entschied sich, das Angebot vom jungen Arzt Tage Philipson anzunehmen und ihm nach Kopenhagen zu folgen. Der Verlag für Sexualpolitik wurde ebenfalls nach Kopenhagen verlegt. Im Sommer 1933 erschien Reichs Buch „Die Massenpsychologie des Faschismus". (ebd.) Nach nur sechs Monaten in Dänemark wurde Reich ausgewiesen und flüchtete nach Oslo.

Kurz vor dem 13. internationalen psychoanalytischen Kongress 1934 in Luzern bekam Reich einen Brief, in dem ihm mitgeteilt wurde, dass er aus formalen Gründen nicht mehr auf der deutschen Mitgliederliste stand. Auf der norwegischen Liste hingegen wurde er noch geführt. (Bronner, 2009, S. 156) Beim Eröffnungsempfang wurde Reich dann verboten, an den Arbeitssitzungen teilzunehmen. Er durfte zwar seinen Vortrag „Psychischer Kontakt und vegetative Strömung" halten, aber nur noch mit dem Status eines Gastdozenten (ebd.). Auf einer Sondersitzung versuchte man, ihn dann vom Rücktritt zu überzeugen, doch er lehnte entschieden ab und verteidigte seine Arbeit als konsequente Weiterentwicklung der psychoanalytischen Forschung und Lehre (Büntig, 2006, S. 51). Es folgte eine Vorstandssitzung, an der Reich nicht teilnehmen durfte. Auf dieser Sitzung wurde dann Reichs Ausschluss aus der Internationalen Psychoanalytischen Vereinigung beschlossen, jedoch wurde dieser nie öffentlich anerkannt (ebd.).

2.7 Von Oslo nach Amerika

Nach dem Ausschluss aus der IPV ging Reich mit Elsa Lindenberg nach Oslo. Dort konnte er die Einrichtungen des Psychologischen Instituts der Universität nutzen und richtete sich ein Forschungslabor ein, in dem er seine bio-elektrischen Experimente begann. Außerdem versuchte er, seine charakteranalytischen Erkenntnisse über den Muskelpanzer therapeutisch nutzbar zu machen. Hierzu führte er neue körperorientierte Behandlungsmethoden in die Therapie ein, die er mit psychoanalytischen Überlegungen und Elementen verband und als Vegetotherapie bezeichnete. Reichs therapeutische Arbeit richtete sich während der folgenden Jahre kontinuierlich auf die Freisetzung emotionaler Äußerungen und den damit verbundenen vegetativen Reaktionen (Hoevels, 2001, S.144). Damit beabsichtigte er die Auflösung der muskulären Panzerung, um so das zugrundeliegende Trauma bearbeiten zu können.

Kurz vor Ausbruch des Zweiten Weltkriegs 1939 emigrierte Reich in die USA. Elsa Lindenberg blieb in Oslo und nach einer schweren Umbruchphase trennten sie sich voneinander. Kurz danach lernte er Ilse Ollendorff kennen, die er später heiraten sollte (Wilhelm-Reich-Gesellschaft e.V.)[5]. In New York nahm Reich einen Lehrauftrag an der „New School for Social Research" an und beschäftigte sich immer intensiver mit der Orgonforschung und distanzierte sich mehr und mehr von der Psychoanalyse. Hoevels (2008, S. 80) schreibt zu dieser Umbruchphase: „Es sieht danach aus, daß er etwa 1940 unter dem enormen Druck seiner Verfolgungen zusammenbrach und eine Art Paranoia entwickelte, die zur wahnhaften Ausarbeitung seines in der Isolation fortgesetzten wissenschaftlichen Werks führte." Das Reich tatsächlich paranoid wurde bezweifelt Boadella. Er betrachtet diese Annahme als eine weitere Intrige: „Fenichel ging 1935 in die Vereinigten Staaten und verbreitete dort das nur zu nachhaltig wirksame Gerücht, Reich sei schizophren." (Boadella, 2008, S. 152). Um die Frage über den Grad der Verrücktheit Reichs abzuschließen, soll ein letztes Zitat angeführt werden. Büntig (2006) versucht auf einer Metaebene die Person Reich einzuordnen und geht dabei auch auf die Frage der Verrücktheit ein:

> An der Beurteilung von Reichs Werk scheiden sich die Geister. Sein Biograph Michael Cattier, der in seinem Buch eine sehr sorgfältige Analyse der sozialen Implikationen der Arbeiten Reichs liefert, gibt sich mit Reichs späteren Werken nicht mehr Mühe als viele andere Autoren, die einer differenzierten Untersuchung seines Spätwerks ausweichen, indem sie sein Leben in zwei Hälften teilen (Cattier 1971). Während Reich vor seiner Emigration für sie der brillante, kontroverse Analytiker ist, der die analytische Technik wesentlich verbessert hat und dann unverständlicherweise

---

[5] In der aufgeführten Quelle werden kein Autor und Erscheinungsjahr angegeben.

den Kommunisten nachläuft, lässt er sich nach seiner Emigration leicht abstempeln als der Besessene, dessen Verirrung in die Naturwissenschaft als deutliches Anzeichen für seine zunehmende Verrücktheit gewertet werden kann. Es besteht kein Zweifel daran, dass Reich in seinen allerletzten Jahren deutliche Anzeichen von Paranoia zeigte, doch davon kann 1934, als der inzwischen mit Reich verfeindete Fenichel in Amerika behauptet, Reich sei schizophren, noch keine Rede sein. (S. 54)

Am 12. Dezember 1941, kurz nach dem Überfall auf Pearl Harbor, wurde Reich verhaftet und als „enemy alien" nach Ellis Island gebracht, wo man ihn drei Wochen lang gefangen hielt. Wie sich später herausstellte, hatte der Vorfall mit seiner kommunistischen Vergangenheit zu tun. (Bronner, 2009, S. 157) Ein Jahr später veröffentlichte Reich den ersten Band von „The Discovery of the Orgone", der zweite Band folgte sechs Jahre später. Darüber hinaus kaufte er eine Farm in Maine, die er „Orgonon" nannte. Hier richtete er ein Labor ein und führte weitere originelle Experimente mit der Orgonenergie durch. Im April 1944 wurde sein Sohn Peter geboren und ein Jahr später heiratete er Ilse Ollendorff. (Wilhelm-Reich-Gesellschaft e.V.)

Der Zeitungsartikel „The Strange Case of Wilhelm Reich" von 1947 markiert einen wichtigen Wendepunkt in Reichs Leben. Der Artikel behauptete, dass Reichs Orgonakkumulatoren dazu dienten, die orgastische Potenz der Patienten zu steigern. Darüber hinaus forderte er die Behörden auf, gegen die vermeintlich gesundheitsgefährdenden Akkumulatoren vorzugehen. Woraufhin die FDA eine viele Jahre andauernde Untersuchung gegen Reich einleitete. (ebd.) Auf Antrag der FDA verfügte ein US-Bundesgericht 1954, dass sämtliche Akkumulatoren und alle Publikationen, die entsprechende Gebrauchsanweisungen beinhalteten, vernichtet werden sollten (ebd.). Ein Jahr später transportierte ein Schüler von Reich einen Akkumulator und Bücher nach New York, was dann als Verstoß gegen die gerichtliche Anordnung gewertet wurde. Daraufhin kam es 1956 zur Anklage und Reich wurde zu zwei Jahren Gefängnisstrafe verurteilt, sein Schüler Michael Silvert zu einem Jahr (ebd.). Am 12. März 1957 traten beide ihre Haftstrafen im Bundesgefängnis von Danbury in Connecticut an (Boadella, 2008, S.361). Da der Richter eine psychiatrische Untersuchung von Reich angeordnet hatte, wurde er vom Gefängnispsychiater untersucht. Dieser diagnostizierte Reich in bestimmten Persönlichkeitsanteilen als paranoid und so wurde er zehn Tage später in das Gefängnis von Lewisburg in Pennsylvania überführt, da dort die Möglichkeit einer psychiatrischen Behandlung bestand (ebd.). Allerdings zeigte sich Reich gegenüber einer Therapie vollkommen unzugänglich, sodass die dortigen Ärzte sich entschlossen, ihm die Demütigung einer amtlich festgestellten Unzurechnungsfähigkeit zu ersparen und ihn stattdessen für geistig gesund im rechtlichen Sinn erklärten (ebd.). In der Nacht vom 2. zum 3. November 1957 starb Reich schließlich an Herzversagen.

Nach der Betrachtung von Reichs sehr turbulentem Leben konnten wir ein grobes Bild über die historischen wie sozialen Bedingungen erhalten, die Reichs Werk beeinflussten und prägten. Die Bedeutung seiner Beiträge und deren zugrundeliegender Erkenntnisprozess können so differenzierter betrachtet und eingeordnet werden. Darüber hinaus braucht es einen großen Willen zur Vorurteilslosigkeit, um sich durch die „riesige angehäufte Sedimentschicht von Gerüchten, Intrigen und traurigen Skurrilitäten bis zum wissenschaftlichen Teil des Reich'schen Lebenswerks, des psychoanalytischen eben, durchzukämpfen" (Hoevels, 2001, S. 81).

3 Die Funktion des Orgasmus

Ein wesentlicher Beitrag Reichs für die psychoanalytische Gegenstandbestimmung war neben seiner Charakteranalyse, die im nächsten Kapitel besprochen wird, seine Arbeit auf sexualökonomischem Gebiet. Aus seinen klinisch fundierten Erkenntnissen leitete er wichtige theoretische Ansätze über die Neurosenentstehung ab und prägte Begriffe wie „orgastische Potenz" oder „Sexualstauung". Schließlich entwickelte er die „Orgasmustheorie" (1923) und publizierte 1927 sein Buch „Die Funktion des Orgasmus". Dieses Werk stellt eine Weiterentwicklung der Libidotheorie dar und bildete die Basis seiner weiteren Forschungen. Hierbei ist anzumerken, dass Reichs Untersuchungen zur Funktion des Orgasmus parallel zu seinen charakteranalytischen Studien liefen. Das Konzept zur Charakteranalyse entwickelte er in den 20er Jahren, publizierte es allerdings erst detailliert 1933 (Sharaf, 1994, S. 97). Das Konzept zur orgastischen Potenz entwickelte er zwischen 1922 und 1926 (Sharaf, 1994, S. 109). Reich selbst schreibt: „Die Sexualökonomie wurde im Schoße der Psychoanalyse Freuds zwischen 1919 und 1923 geboren. Die sachliche Loslösung vom Mutterboden erfolgte etwa 1928 (...)" (Reich, 1987, S. 13). Die „Sexualökonomie" ist nach Reich eine „naturwissenschafliche, experimentell fundierte Theorie der Sexualität" (ebd.). Sie ist nicht beschränkt auf das Gebiet der Psychoanalyse, sondern hat multidisziplinäre Auswirkungen. Sie impliziert medizinische, soziale und politische Veränderungen und gibt der Biologie sowie der Philosophie neue Denkanstöße. Im Folgenden wird kurz auf die Libidotheorie eingegangen. Sie war der Ausgangspunkt für Reichs Forschung. Des Weiteren werden die wichtigsten sexualökonomischen Konzepte besprochen und die wissenschaftlichen Reaktionen erläutert.

3.1 Sexualität, Trieb und Libido

Reich faszinierte die grundsätzliche Frage „Was ist Leben?" und war überzeugt davon, dass die Sexualität darin die zentrale Rolle spielte. Schon als Student interessierte sich Reich sehr für die Sexualität. Die Teilnahme am „Studentenseminar für Sexuologie" von 1919 bis 1922 lieferte den Einstieg in die wissenschaftliche Auseinandersetzung mit dieser Thematik. Er schaffte sich einige sexuologische Werke an, wie beispielsweise Bloch „Sexualleben unserer Zeit", Forel „Die sexuelle Frage" oder Back „Sexuelle Verwirrungen" (Reich, 1987, S. 27). Auch las er Werke der Anatomie, Physiologie, Biologie, Philosophie und der Psychoanalyse. Ihm fiel auf, wie unterschiedlich die Autoren und Forscher die Sexualität betrachteten und wie unbefriedigend zum großen Teil ihre Aussagen und Definitionen waren. Sexualität und Fortpflanzung wurden als ein und dasselbe beschrieben, die Sexualität erwachte anscheinend aus heiterem Himmel und alles war vererbt und biologisch festgelegt (Reich, 1987, S. 31 ff.). Freuds Schriften hingegen begeisterten ihn. Freud hatte seiner Meinung nach „eine Straße zum klinischen Verständnis der Sexualität gebaut" (ebd.). Die reife Sexualität ging nach Freud aus sexuellen Entwicklungsstufen in der Kindheit hervor. Freud hatte den Begriff der Sexualität dahingehend erweitert, dass er mehr als nur die genitale Erfahrung einschloss. Er sah die genitale Vereinigung zwischen Mann und Frau als den >normalen< Ausdruck des sexuellen Triebes und untersuchte ein breites Spektrum von >Abweichungen< dieser Norm, wie beispielsweise die Homosexualität oder den Voyeurismus (Sharaf, 1994, S.110). Doch bei seinen Überlegungen über die Sexualität gab Freud nie explizite und klare Anhaltspunkte dafür, was das gesunde genitale Funktionieren eigentlich ausmachte (ebd.). Dies sollte Reich mit seiner Formulierung der Orgasmustheorie übernehmen.

Einen wichtigen Schritt hin zum tieferen Verständnis der Sexualität erlangte Reich durch seine Auseinandersetzung mit dem Trieb- und Libidobegriff. In seinem Vortrag im Studentenseminar über „Trieb- und Libidobegriffe von Forel bis Jung" stellte er heraus, dass die Autoren vor Freud mit dem Begriff Libido einfach das bewusste Verlangen nach sexuellen Handlungen bezeichneten. Im Gegensatz dazu verstand Freud unter Libido die Energie des Sexualtriebes (Boadella, 2008, S. 15). Er beschrieb das Funktionieren des Triebes wie folgt: „Den Trieb können wir eigentlich nicht fassen. Was wir erleben, sind nur Triebabkömmlinge: sexuelle Vorstellungen und Affekte. Der Trieb selbst ruht im biologischen Grunde des Organismus und macht sich als affektiver Drang nach Befriedigung geltend." (Reich, 1987, S. 32). Freud verwendete den Begriff Libido erstmals 1895, als er eine unterschiedliche psychische Dynamik bei der Neurasthenie und Angstneurose beschrieb (Müller, 1973, S.

325). Er nahm damals an, dass bei der Neurasthenie die sexuelle Libido vermindert sei, während sie bei der Angstneurose hingegen in abnormer Weise verwendet werde (ebd.). Freud hatte ursprünglich die Neurose als das Ergebnis eines Konfliktes zwischen den inneren Sexualtrieben und der äußeren Gesellschaftsmoral verstanden. Die beobachteten Symptome der Patienten wurden als Manifestationen dieser Triebe angesehen, die aus unbekannten Gründen in umgewandelter Form an die Oberfläche drängten. Auf dieser theoretischen Grundlage entwickelte Freud die Technik der freien Assoziation. Er versuchte die unterdrückten und verdrängten Gefühle, Impulse oder Ereignisse wieder ins Bewusste zu überführen, sodass der Patient sie verurteilen oder in eine sozial akzeptierte Tätigkeit sublimieren konnte. (Higgins, 1996, S. 12) An diesem Punkt merkt Higgins an: „Genau hier, in der Frage des Ziels der psychoanalytischen Therapie, liegt der Keim des Konfliktes zwischen Reich und Freud; denn die Forderung nach Verurteilung oder Sublimierung enthält das moralische Urteil, daß die biologischen Triebe >böse< seien und die Gesellschaft unveränderbar." (ebd).

3.2 Die orgastische Potenz

Wie seine psychoanalytischen Kollegen versuchte Reich die Technik der freien Assoziation bei seinen Patienten anzuwenden. Er hatte anfangs einige Behandlungserfolge, merkte aber bald, dass die meisten Therapien sehr langwierig waren und nur in wenigen Fällen zur Heilung führten. Dementsprechend setzte er sich mit der Frage auseinander, was außer dem Bewusstmachen des Unbewussten nötig war um die Symptome zu reduzieren. Darüber hinaus beschäftigte er sich mit der Frage des quantitativen Faktors bei der Neurose. Er wollte herausfinden was die eigentliche Energiequelle der Neurose war. So begann er im technischen Seminar und Psychoanalytischen Ambulatorium die Masturbationsphantasien seiner Patienten und die verschiedenen Arten der Masturbation genauer zu untersuchen. Dabei fand er heraus, dass die Art des phantasierten Aktes einen Zugang zu den unbewussten Konflikten und Kindheitserfahrungen eröffnete (Higgins, 1996, S. 13). Des Weiteren fand er heraus, dass sich bei einigen Patienten die Symptome reduzierten, sobald sie zu einer sexuellen Befriedigung fähig waren, egal ob durch Masturbation oder Geschlechtsverkehr. Die Symptome traten zwar nach einigen Tagen wieder auf, konnten aber durch erneute sexuelle Befriedigung wieder gemindert werden. Daraufhin richtete er seinen Fokus auf den Orgasmus der Patienten. Nach drei Jahren klinischer Untersuchungen stellte er seine Beobachtungen am 28. November 1923 in seinem Vortrag „Über Genitalität, vom Standpunkt der psychoanalytischen Prognose und

Therapie" dar (Reich, 1987, S. 78). Er erschien 1924 in der Zeitschrift für Psychoanalyse. In dem Vortrag formulierte er zum ersten Mal seine sexualökonomische Theorie. Reich beschreibt die Reaktionen wie folgt:

> Während ich vortrug, merkte ich eine Vereisung der Atmosphäre in der Versammlung. (...) Als ich endete, herrschte eisige Stille im Raum. Nach einer Pause begann die Diskussion. Meine Behauptung, daß die Genitalstörung ein wichtiges, vielleicht das wichtigste Symptom der Neurose wäre, sei falsch, ebenso die Behauptung, dass sich aus der Beurteilung der Genitalität prognostische und therapeutische Handhaben ergäben. (ebd.)

Reichs Ansatz wurde von seinen Kollegen abgelehnt. Sie behaupteten, es gäbe viele Patienten, die genital gesund seien. Reichs Stellung in dieser Diskussion war schwierig, denn er musste einräumen, dass unter den männlichen Kranken viele dabei waren, die eine ungestörte Sexualität aufwiesen. Die Kritik zwang ihn zu weiteren Untersuchungen, um herauszuarbeiten, wie die Genitalstörung genauer definiert werden musste und warum die neurotischen Patienten die genitale Befriedigung nicht erfahren konnten. Sharaf (1994) weist in dieser Debatte auf die diskussive Entfaltung dieser theoretischen Überlegungen hin: „Wir sehen hier eines der zahlreichen Beispiele, wie es Reich gelang, Kritik an seiner Arbeit fruchtbar zu nutzen, um klarer zu definieren, was er meinte." (S. 114). Reich suchte nach wie vor die Energiequelle der Neurose, ihrem somatischen Kern. Nach seinen Überlegungen war dieser Kern nichts anderes als gestaute Sexualenergie, doch er konnte sich nicht erklären, „wo die Stauung sich herleiten solle, wenn die Potenz in Ordnung war" (Reich, 1987, S. 79). Er machte sich an die Arbeit diese Probleme zu lösen und untersuchte anhand von Interviews und Fallgeschichten die genitale Gesundheit von über 200 Patienten des Wiener psychoanalytischen Ambulatoriums (Sharaf, 1994, S.114). Er prüfte hierbei:

1. Die Hypothese, dass sämtliche Fälle von Neurosen mit genitalen Störungen einhergehen.

2. Die Hypothese, dass die Schwere der Neurose mit dem Grad der genitalen Störung in Korrelation stand.

3. Die Hypothese, dass Patienten mit dauerhaft erfolgreicher Therapie ein befriedigendes Sexualleben erlangt hatten. (ebd.)

Reich (1987) schrieb zu seinen Untersuchungen: „Je genauer meine Kranken das Verhalten und Erleben im Geschlechtsakt beschrieben, desto fester umriß sich die klinische Überzeugung, daß ausnahmslos alle schwer gestört sind." (S. 80). Dies traf insbesondere auf die Männer zu, die mit ihrer Potenz prahlten. Sie waren zwar erektiv sehr potent, doch es stellte sich heraus, dass sie beim Samenerguss keine Lust, geringe Lust oder sogar Ekel und

Unlust erlebten (ebd.). Ausgehend von dieser Befundlage formulierte er das Konzept der „orgastischen Potenz". Er war der Überzeugung, dass der Begriff der sexuellen Potenz ohne die Einbeziehung des energetischen, ökonomischen und erlebnismäßigen Anteils keinen Sinn ergab. Die erektive sowie die ejakulative Potenz waren nur unerlässliche Vorbedingungen für die orgastische Potenz (Reich, 1987, S. 81). Unter diesem Begriff verstand Reich „die Fähigkeit zur Hingabe an das Strömen der biologischen Energie ohne jede Hemmung, die Fähigkeit zur Entladung der hochgestauten sexuellen Erregung durch unwillkürliche lustvolle Körperzuckung" (ebd.). Nach Reich war kein einziger Neurotiker in der Lage diese orgastische Potenz zu erfahren.

Um objektiv zwischen orgastischer Potenz und orgastischer Impotenz zu differenzieren beschäftigte sich Reich eingehender mit der Phänomenologie des sexuellen Erlebens. Er entwickelte ein Modell der typischen Phasen des Geschlechtsaktes und ordnete die auftretenden Phänomene bzw. Symptome den zwei Kategorien zu. Im Folgenden wird das Modell nur schematisch dargestellt, da es sonst den Umfang des Kapitels sprengen würde.

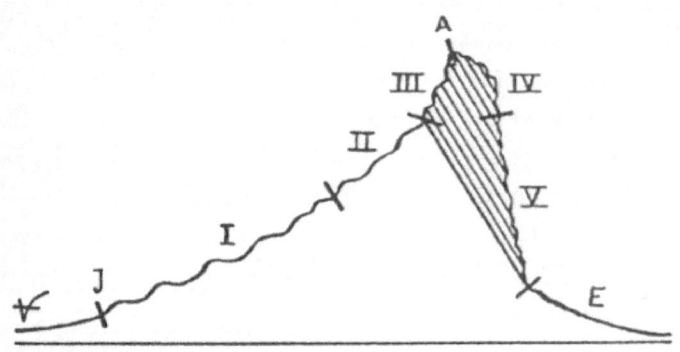

Schema der typischen Phasen des Geschlechtaktes mit orgastischer Potenz bei beiden Geschlechtern.

V = Vorlust (1, 2). J = Immissio (3). I (4, 5) = Phase der willkürlichen Beherrschung der Reizsteigerung und der noch unschädlichen Protrahierung. II (6a–d) = Phase der unwillkürlichen Muskelkontraktionen und der automatischen Luststeigerung. III (7) = Plötzlicher und steiler Anstieg zur Akme (A). IV (8) = Orgasmus. Der gestrichelte Teil stellt die Phase der *unwillkürlichen Körperzuckungen* dar. V (9–10) = Steiles Sinken der Erregung. E = Wohlige Ermattung. Dauer ca. 5–20 Minuten.

Abb. 1 Phasenmodell des Geschlechtsaktes mit orgastischer Potenz; Diese Abbildung wurde aus Reich, 1987, S. 82 entnommen.

Die unwillkürliche bioenergetische Zuckung des Organismus und der komplette Abbau der Erregung sind hierbei die wichtigsten Kennzeichen der orgastischen Potenz. Der gestrichelte Teil der Orgasmuskurve kennzeichnet die unwillkürliche vegetative Entspannung. (Reich, 1987, S. 82)

Auf dem Psychoanalytischen Kongress in Salzburg 1924 bekräftigte er seine These durch eine größere Zahl von Fallbeispielen. Er stellte seine Orgasmustheorie vor und führte den Begriff der orgastischen Potenz ein. Nach Boadella (2008, S. 27) gratulierte Karl Abraham Reich zur gelungenen Formulierung des ökonomischen Faktors in der Neurose aber zur selben Zeit begann die Psychoanalyse, sich der ursprünglichen Libidotheorie zu entledigen, da sie scheinbar nicht zu neuen Einsichten geführt hatte. In der Folgezeit bildete sich immer mehr eine Kluft zwischen der ursprünglichen Triebtheorie Freuds mit der Vorstellung einer psychischen Energie und den neuen ich-psychologischen Theorien, die die psychische Struktur in den Vordergrund ihrer Betrachtungen stellten (ebd.).

3.3 Die Sexualstauung – Energiequelle der Neurose

Reich konnte mit Hilfe der Orgasmustheorie einige offene Fragen der Psychoanalyse beantworten, dennoch blieb sein sexualökonomisches Konzept weiterhin sehr strittig und wurde von vielen Psychoanalytikern abgelehnt. Boadella (2008) beschreibt Freuds Einstellung zur Orgasmustheorie wie folgt: „Freud nahm, wie die psychoanalytische Bewegung überhaupt, gegenüber der sexualökonomischen Auffassung Reichs eine deutlich ambivalente Haltung ein. Einerseits schrieb er Reich gegen Ende 1926, das Buch sei >wertvoll, reich an Beobachtungsmaterial und Gedankeninhalt<, andererseits bezeichnete er die Orasmustheorie herablassend als Reichs >Steckenpferd<." (S. 29.).

Im Folgenden sollen die wichtigsten Implikationen der Orgasmustheorie für das Neurosenverständnis nach Reich aufgeführt und erläutert werden. Die ursprüngliche Sexualauffassung konzentrierte sich primär auf die Genitalität, demnach war nur sexuell, was genital war. Indem Reich den Begriff der Genitalfunktion durch den Begriff der orgastischen Potenz erweiterte und energetisch interpretierte, war er der Überzeugung, dass er die Libidotheorie in einem psychoanalytischen Kontext weiterentwickelt hatte. Die Argumente nach Reich (1987, S. 87-90) waren:

1. Wenn jede seelische Erkrankung einen Kern gestauter Sexualerregung hat, dann kann nur die Störung der orgastischen Potenz ihn bedingen. Impotenz sowie Frigidität stellen somit den Schlüssel zum Verständnis der Ökonomie der Neurosen dar.

2. Die Energiequelle der Neurose wird durch die Differenz zwischen sexuellem Energieaufbau und Energieabbau gebildet.

3. Für die Heilung der Neurose braucht es zum einen die Bewusstwerdung der verdrängten Sexualität, wie Freud formulierte, zum anderen braucht es aber auch die Beseitigung der Sexualstauung, die die Energiequelle der Neurose darstellt.

4. Das wichtigste Ziel der Neurosenbehandlung ist die Herstellung der orgastischen Potenz, also die Fähigkeit genauso viel Sexualenergie abzubauen wie aufgebaut wurde.

5. Die Sexualerregung ist vor allem ein körperlicher Vorgang, hingegen sind die Konflikte der Neurose seelischer Art. Ein geringer Konflikt kann eine kleine Störung des sexuellen Energieausgleichs herbeiführen. Diese kleine Stauung verstärkt den Konflikt und dieser wieder die Stauung, sodass sich der psychische Konflikt und die körperliche Erregungsstauung gegenseitig polarisieren. Hierbei stellt der psychische Konflikt die sexuelle Kind-Eltern-Beziehung dar. Er fehlt nach Reich in keiner Neurose. Er ist das historische Erlebnismaterial, von dem sich die Neurose inhaltlich nährt. Doch der Kind-Eltern-Konflikt allein kann keine anhaltende Störung des seelischen Gleichgewichts verursachen, wenn er nicht ständig durch die aktuelle Erregungsstauung gespeist wird, die er selbst im Beginn erzeugt hat. Folglich ist die Erregungsstauung der aktuelle Krankheitsfaktor, der die Neurose nicht inhaltlich, sondern energetisch speist. Das Pathologische des Ödipuskomplexes hängt vom Grad der Sexualenergie ab. So verflechten sich Aktualneurose und Psychoneurose; sie bedingen sich gegenseitig. Zum besseren Verständnis veranschaulicht Abbildung 2 diesen Sachverhalt.

6. Die prägenitale Sexualität hat eine grundsätzlich andere Dynamik als die genitale Sexualität. Werden nichtgenitale Sexualbetätigungen beibehalten, so wird die Genitalfunktion gestört. Diese Störung polarisiert prägenitale Phantasien und Handlungen. Die prägenitalen Sexualphantasien und Sexualbetätigungen, die bei den Neurosen und Perversionen beobachtet werden können, sind nicht nur Ursache der Genitalstörung, sondern auch ihre Folge. Die allgemeine Sexualstörung kann als Folge der Genitalstörung betrachtet werden.

7. Die seelischen Krankheiten bieten überall nur Qualitäten dar, dennoch scheinen sie immer von quantitativen Faktoren abzuhängen, wie beispielsweise von der Stärke und Kraft, die Energiebesetzung der seelischen Erlebnisse und Handlungen.

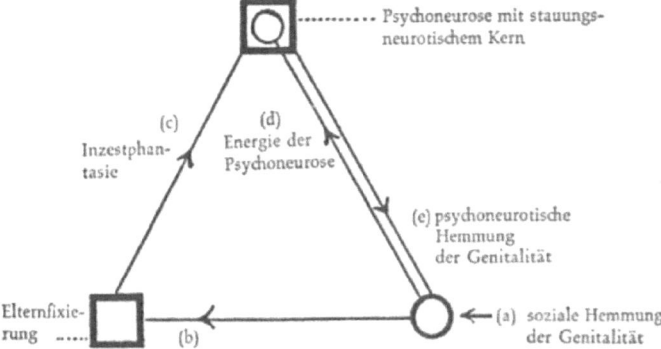

Schema der Beziehung zwischen kindlichem Erlebnisinhalt und Sexualstauung

a) Soziale Sexualhemmung (o)
b) Stauung bewirkt Fixierung an Eltern (historischer Inhalt ☐)
c) Inzestphantasie
d) Energiequelle der Neurose
e) Neurose hält Stauung aufrecht (aktuelle Energiestauung)

Abb. 2 Schema zur ödipalen Neurosenätiologie;
Diese Abbildung wurde aus Reich, 1987, S. 89 entnommen.

Alle aufgeführten Argumente hatte Reich in einem verhältnismäßig kurzen Zeitraum von weniger als 10 Jahren entwickelt und klinisch erforscht. Im Vergleich zur ursprünglichen Libidotheorie von Freud fällt auf, dass er vor allem das Körperliche in seine Überlegungen miteinbezog. Hierbei hatte er die Gegensätzlichkeit des Vegetativums von Spannung und Entspannung schnell verstanden und versuchte diese grundlegende Gesetzmäßigkeit in psychoanalytische Konzepte zu integrieren. Bedauerlicherweise fand dieser psychosomatische Ansatz zu jener Zeit kaum die Beachtung, die er heute erfährt. Hatte doch gerade Freud gehofft, dass eines Tages die Psychoanalyse auf physiologischem Boden stehen könnte. Unabhängig davon bildete die Orgasmustheorie ein wichtiges Fundament für viele weitere Veränderungen auf medizinischer, sozialer und politischer Ebene, die schon weiter oben angedeutet wurden.

4 Die Charakteranalyse

Reichs Arbeiten auf charakterologischem Gebiet stellen einen bedeutenden Beitrag zur psychoanalytischen Theoriebildung dar. Sie können als Reichs >Ruhmesblatt< betrachtet werden. Sein Buch Charakteranalyse, welches er 1933 im Selbstverlag publizierte, gilt heute als eines der klassischen Werke der Psychoanalyse. Es wurde mehrfach überarbeitet und mit weiteren Beiträgen ergänzt, sodass die aktuelle deutsche Ausgabe von 2010 insgesamt über 600 Seiten umfasst. Die Originalausgabe von 1933 umfasste knapp 300 Seiten. Darin beschreibt er wichtige Aspekte der psychoanalytischen Technik, erklärt detailliert die Theorie der Charakterbildung und erläutert verschiedene Charaktertypen. Seine charakteranalytischen Untersuchungen knüpfen an die Probleme und Lösungsansätze der psychoanalytischen Klinik an, die er in der Einleitung zu seinem Buch „Der triebhafte Charakter" von 1925 beschrieb. Die technisch-therapeutischen Ausführungen und die dynamisch-ökonomischen Auffassungen des Charakters als Gesamtformation entstammten vor allem den zahlreichen Erfahrungen und Diskussionen im Wiener Seminar für psychoanalytische Therapie (Reich, 2010, S.9). In Bezug auf den psychoanalytischen Entfaltungsprozess stellt die Charakteranalyse auf der therapeutischen Ebene eine Weiterentwicklung der psychoanalytischen Widerstandsarbeit dar, auf theoretischer Ebene basiert sie auf den Überlegungen zur klassischen Verdrängungslehre und zur negativen therapeutischen Reaktion. Die klassische charakteranalytische Technik erarbeitete Reich in den 20er Jahren. In der Folgezeit integrierte er mehr und mehr körperorientierte Aspekte, wie Gestik, Mimik, Körperhaltung oder den Muskeltonus. Mitte der 30er Jahre war er dann vor allem am nonverbalen Gefühlsausdruck der Patienten interessiert und entwickelte die Charakteranalyse weiter zur Vegetotherapie.

4.1 Verdrängung und Widerstand

Freud hatte schon früh erkannt, dass die hysterischen Symptome seiner Patienten gelindert werden konnten, wenn bei ihnen eine energetische Reaktion in Form einer Gefühlsentladung hervorgerufen werden konnte. Hierunter verstand man alle willkürlichen und unwillkürlichen Reflexe, in denen sich die Affekte entladen konnten. Freud beobachtete, dass sich die Affektlage der Patienten deutlich verringerte, wenn diese Reaktionen mit genügend Intensität auftraten. (Boadella, 2008, S. 45)

Mit der Einführung der freien Assoziation entdeckte man auch bald das Phänomen des Widerstandes. Bei dem Versuch, die verdrängten Konflikte wieder ins Bewusste zu holen und so die Symptome zu mindern, stießen die Analytiker immer wieder auf therapeutische Grenzen, sodass sich kein Therapieerfolg einstellen konnte. Freud schloss aus diesen Erfahrungen, dass das Vergessen der entsprechenden Erlebnisse das Ergebnis eines aktiven Vorgangs war, den er zunächst Abwehr und später Verdrängung bezeichnete (Büntig, 2006, S. 46). Die Funktion der Verdrängung war, die emotional geladenen Inhalte abzuschwächen, um so den Patienten vor schmerzlichen Erfahrungen zu schützen. Ein weiteres Phänomen, das durch die Technik der freien Assoziation erkannt wurde, war die Übertragung. Diese beiden Entdeckungen bildeten Grundpfeiler für das theoretische Gebäude der Psychoanalyse. Allerdings gelang es zunächst nicht, eine systematische Methode der Widerstandsarbeit zu entwickeln. (ebd.) Das sollte Reich und dem Wiener Seminar überlassen bleiben und stellt einen sehr bedeutenden Beitrag für die psychoanalytische Therapie dar.

4.2 Von der Widerstandsanalyse zur Charakteranalyse

Im Wiener Seminar machte man sich nun an die Arbeit die therapeutischen Widerstände der Patienten systematisch zu erforschen. Dafür veranlasste Reich das Thema Widerstand zunächst ein Jahr lang in den Mittelpunkt der Untersuchungen zu stellen (Sharaf, 1994, S. 96). Man erkannte, dass die Widerstände um so stärker wurden, je tiefer die Analyse ging und je mehr man sich der traumatischen Inhalte näherte (Büntig, 2006, S. 46). Mit der Zeit gelang es typische Widerstandmuster zu erkennen. Durch klinische Beobachtungen erkannte Reich immer mehr, dass alle diese Widerstandmuster in der Übertragung als latente Zweifel, Misstrauen und Feindseligkeit dem Analytiker gegenüber auftraten (ebd.). Das Aufdecken dieser latenten Feindseligkeit war für Reich ein wichtiger Aspekt im therapeutischen Prozess. Ein weiterer wichtiger Aspekt in diesem Zusammenhang war die richtige Deutungstechnik. Er wies auf einige Mängel der klassisch analytischen Deutung hin, wie beispielsweise die zu frühe Deutung des Sinnes der Symptome, die unsystematische Sinndeutung, die unsystematische Widerstandsdeutung sowie die unsystematische und inkonsequente Deutung der Übertragungswiderstände (Reich, 2010, S. 55).

Im weiteren Verlauf der Forschungen wurde immer deutlicher, dass sich die Patienten systematisch und auf charakteristische Weise gegen die Aufdeckung der unbewussten Konflikte wehrten (ebd.). Folglich verlagerte man den Fokus der Untersuchungen auf spezifische Widerstandsmuster oder Charakterstrukturen. Auf dem Hintergrund dieser Untersuchungen und seiner klinischen Erfahrungen mit schweren Charakterneurosen im Wiener psychoanalytischen Ambulatorium forderte Reich 1925 in seiner Arbeit zum triebhaften Charakter den Übergang von der Symptomanalyse zur Therapie des Charakters (Reich, 1925, S. 6).

4.3 Der Charakterpanzer

1927 führte Reich auf dem 10. Psychoanalytischen Kongress in Innsbruck erstmals den Begriff „Charakterpanzer" ein, der aus vielen Schichten von Abwehrreaktionen gegen unterdrückte Triebe und gegen reaktive, durch die Unterdrückung der Triebe ausgelöste Feindseligkeit bestand (Büntig, 2006, S. 47). Er identifizierte drei einander überlagernde Schichten. Die oberflächliche Schicht, das Gesicht, das eine Person der Welt präsentiert, wie Höflichkeit oder Zurückhaltung. Darunter liegt eine sekundäre Schicht, die groteske, gefährliche und irrationale Impulse und Fantasien beinhaltet und die alptraumhafte Welt des Freud'schen verdrängten Unbewussten darstellt. Die charakteranalytische Methode beruht darauf, diese Schicht zu durchdringen und die primäre Schicht freizulegen, in der die Impulse nicht mehr entstellt und pathologisch, sondern spontan und aufrichtig sind. (Boadella, 2008, S. 56) Reich verstand den Charakterpanzer als Ausdruck der erstarrten Lebensgeschichte. Jeder unlösbare Konflikt in der Entwicklung des Individuums hinterlässt eine Spur in seiner Charakterbildung „in Form einer der Abwehr von Emotionen dienenden Starre von Haltung, Verhalten und Ausdruck" (Büntig, 2006, S. 47) Reich hatte mit diesem Konzept eine Beziehung zwischen der sexualökonomischen Theorie gestauter Emotionen und der Charakterstruktur hergestellt. Nach Reich war die Emotion im Charakterpanzer gebunden und dadurch gab es keine emotionale Entladung und somit auch keine psychoanalytische Heilung. (ebd.) Dementsprechend war das Ziel in der Therapie den Charakterpanzer zu durchbrechen, damit eine affektive Entladung möglich werden konnte. In der Diagnostik galt das Prinzip: Je massiver die Schichtungen des Charakterpanzers, desto geringer die Fähigkeit des Patienten zu ungehemmtem und spontanem Verhalten (Boadella, 2008, S. 54)

4.4 Von der Charakteranalyse zur Vegetotherapie

Reich arbeitete fast ein Jahrzehnt an dem Konzept und der therapeutischen Umsetzung der Charakteranalyse und dementsprechend umfassend und weitreichend ist seine Theorie. Viele wichtige und bedeutende Aspekte müssen aus Gründen des Umfangs der Hausarbeit unberücksichtigt bleiben. Grob zusammengefasst lässt sich aber Reichs Charakterlehre in drei Hauptstränge gliedern (ebd.):

1. Eine systematische Technik zur Deutung von Charakterhaltungen, sodass die zugrundeliegenden verdrängten Emotionen zutage treten.
2. Eine eindeutige Formulierung des therapeutischen Ziels mittels einer sexualökonomisch begründeten Unterscheidung zwischen gesundem und neurotischem Verhalten.
3. Eine systematische Beschreibung verschiedener Charaktertypen und der typischen kindlichen Konfliktsituationen, durch die sie entstanden sind.

Ab Mitte der 30er Jahre betonte Reich immer mehr die Einheit von Körper und Geist und entwickelte seine charakteranalytische Technik weiter zur Vegetotherapie, indem er körperorientierte Methoden in die psychotherapeutische Arbeit integrierte. Nach Reichs Beobachtungen bildeten sich als Folge chronifizierter Abwehrvorgänge charakterliche Haltungen aus, die oft mit bestimmten Körperhaltungen einhergingen. Den Grund dafür sah er darin, dass der seelische Prozess der Verdrängung zugleich ein körperlicher Prozess der muskulären Unterbindungen von Handlungs- und Triebimpulsen und daher mit Muskelanspannung verbunden sei, die bei einer chronifizierten Abwehr zu chronischen Spannungen führt. (Geuter, 2006, S.18) Mit anderen Worten bestand seine wichtigste Entdeckung in der Erkenntnis, dass die innere Unterdrückung von spezifischen Gefühlen durch eine chronische Verspannung von Muskel- und Bindegewebe im Körper verankert wird. Auf der Grundlage dieser Erkenntnisse verlagerte Reich seinen Fokus auf die Art und Weise, wie Patienten die Wahrnehmung und den Ausdruck bestimmter Gefühlsregungen, wie Angst, Wut oder Trauer körperlich unterdrückten. (Zentrum für Primäre Prävention und Körperpsychotherapie[6]) In der therapeutischen Arbeit setzte Reich nun an der körperlichen Abwehr an. Er versuchte die Bereiche muskulärer Verspannung und die daraus resultierenden muskulären Blockaden aufzulösen oder die eingeengte und zumeist verflachte Atmung der Patienten zu erweitern. Der körperliche Ausdruck der Patienten sollte bewusst gemacht werden. "Während Freud über die Erinnerung zum ursprünglichen Affekt vordringen wollte, ging Reich den umgekehrten Weg über die Lockerung der körperlichen Abwehr zum Affekt und so zur Erinnerung" (Geuter, 2006, S. 18). Für diese Methode prägte Reich den Begriff der Vegetotherapie. Dieser Begriff sollte zum Ausdruck bringen, dass das vegetative Nervensystem einen zentralen Ansatzpunkt in der Behandlung unbewusster Konflikte und Abwehrmechanismen darstellt. Während Reichs Charakteranalyse noch im Rahmen des tiefenpsychologischen Denkens konzipiert wurde stellte die Vegetotherapie einen neuen körperpsychotherapeutischen Ansatz dar. Dieser wurde in psychoanalytischen Kreisen weitaus kritischer betrachtet als die Technik der Charakteranalyse.

---

[6] In der aufgeführten Quelle werden kein Autor und Erscheinungsjahr angegeben.

5 Fazit

Was für ein Leben! Wilhelm Reich arbeitete mit voller Hingabe und Überzeugung, voller Mut und Zuversicht auf den unterschiedlichsten Forschungsfeldern und hinterließ ein interdisziplinäres und multidimensionales Werk, das weit über die Grenzen der Psychoanalyse hinausgeht. Auf der Makroebene reichen seine Arbeiten bis hinein in die Soziologie und Politik. Auf der Mikroebene erstrecken sie sich über die Psychoanalyse, Biologie bis hin zur Mikrobiologie und Paraphysik. Seine Forschungstätigkeiten können jeweils als logische und unmittelbare Konsequenz der zuvor erbrachten Ergebnisse angesehen werden. Die Metapher des roten Fadens ist sehr passend für Reichs Erkenntnisprozess, doch führt dieser zu einem finalen Erkenntnisgewinn, der sich in den Sphären eines unergründlichen Mysteriums verflüchtigt. Auch wenn wir wissen, dass wir das Leben nie in seinem vollen Umfang verstehen werden, ist es dennoch unsere Pflicht uns auf den Weg zu machen und es zu versuchen, nur dann kann man behaupten auch wirklich gelebt zu haben.

Reich lieferte viele wichtige Beiträge für die psychoanalytische Gegenstands- und Erkenntnisbildung. Er erweiterte und bestätigte das Konzept der Libidotheorie und lieferte wichtige Erkenntnisse zur Neurosenätiologie und -therapie. Auch erweiterte er das Konzept der psychodynamischen Abwehr von verdrängten Inhalten und erarbeitete eine praktische und systematische Widerstandsanalyse. Des Weiteren definierte er spezifische Charaktertypen und entdeckte den Muskelpanzer. Seine Charakteranalyse beinhaltete darüber hinaus noch viele weitere wichtige Erkenntnisse für die psychosomatische Medizin. Er war der erste Analytiker, der sich dem Patienten gegenüber setzte und der den Körper in die Therapie miteinbezog. Mit seiner Vegetotherapie entwickelte er das Fundament für spätere körperpsychotherapeutische Methoden. Einer seiner bedeutendsten Beiträge für die Psychoanalyse war jedoch die Systematisierung der psychoanalytischen Technik im Wiener Seminar. Hier evaluierte er viele theoretische Annahmen und erprobte den oft schwierigen Transfer von theoretischen Behandlungskonzepten in die Praxis. Ein weiterer bedeutender Beitrag, der aus der Psychoanalyse hervorging aber weit über ihre Grenzen hinaus reichte war sein sozial-politisches Engagement. Das Sexpolprogramm beinhaltete eine Vielzahl von wichtigen gesellschaftlichen Veränderungen, die zum Ziel hatten, ein freies und selbstbestimmtes Leben zu führen. Ein letzter wichtiger Beitrag, der in dieser Arbeit kaum Erwähnung fand, war seine Auseinandersetzung mit dem Nationalsozialismus. Er arbeitete detailliert die gesellschaftlichen Bedingungen und Faktoren heraus, die es ermöglichten ein ganzes Volk für den Krieg zu mobilisieren.

Liebe, Arbeit und Wissen sind die Quellen unseres Lebens.

Literaturverzeichnis

Boadella, D. (2008). *Wilhelm Reich – Pionier des neuen Denkens.* Darmstadt: Schirner Verlag

Bronner, A. (2009). Wilhelm Reich: Welch ein Leben!. In C. Diercks & S. Schlüter (Hrsg.), *Die grossen Kontroversen in der Psychoanalyse – Sigmund-Freud-Vorlesungen 2007* (S. 146-158). Wien: Mandelbaum

Büntig, W.E. (2006). Das Werk von Wilhelm Reich. In G. Marlock, H. Weiss, D. Revenstorf & B. von der Kolk (Hrsg.), *Handbuch der Körperpsychotherapie* (S. 41-60). Stuttgart: Schattauer

Geuter, U. (2006). Geschichte der Körperpsychotherapie. In: G. Marlock, H. Weiss, D. Revenstorf & B. Kolk (Hrsg.): *Handbuch der Körperpsychotherapie.* (S. 17-29). Stuttgart: Schattauer Verlag.

Higgins, M. B. (1996). Einleitung. In: M. B. Higgins (Hrsg.): *Jenseits der Psychologie Briefe und Tagebücher 1934-1939.* (S. 11-35). Köln: Kiepenheuer & Witsch

Hoevels, F.E. (2001). *Wilhelm Reichs Beitrag zur Psychoanalyse.* Freiburg: AHRIMANN

Müller, C. (Hrsg.). (1973). *Lexikon der Psychiatrie Gesammelte Abhandlungen der gebräuchlichsten psychopathologischen Begriffen.* Berlin: Springer

Reich, W. (1925). *Der triebhafte Charakter.* Wien: Internationaler Psychoanalytischer Verlag

Reich, W. (2010). *Charakteranalyse* (3,. Neu bearbeitete Aufl.). Köln: Anaconda. (Originalarbeit erschien 1933)

Reich, W. (1987). *Die Funktion des Orgasmus Sexualökonomische Grundprobleme der biologischen Energie.* Köln: Kiepenheuer & Witsch. (Originalarbeit erschien 1927)

Sharaf, M. (1994). *Wilhelm Reich Der Heilige Zorn Des Lebendigen Die Biographie.* Berlin: Simon + Leutner

Wilhelm-Reich-Gesellschaft e.V. (ohne Jahresangabe). *Wilhelm Reich – Biographie.* Zugriff am 24.10.2015, von http://www.wilhelm-reich-kongress.de/wrk_wilhelmreich_biographie.html.

Zentrum für Primäre Prävention und Körperpsychotherapie. (ohne Jahresangabe). *Geschichte der Körperpsychotherapie*. Zugriff am 10.4.2014, von

http://www.zeppbremen.de/koerperpsychotheraphie/koerperpsychotherapie/geschichte-der-koerperpsychotherapie/

BEI GRIN MACHT SICH IHR WISSEN BEZAHLT

- Wir veröffentlichen Ihre Hausarbeit,
  Bachelor- und Masterarbeit

- Ihr eigenes eBook und Buch -
  weltweit in allen wichtigen Shops

- Verdienen Sie an jedem Verkauf

Jetzt bei www.GRIN.com hochladen und kostenlos publizieren